AVIS

AUX

CONTRIBUABLES,

PAR TIMON.

Nos finances sont puissantes ; ... il est vrai qu'elles sont engagées.

(M. DE GASPARIN, ancien ministre. *Moniteur* du 27 mai 1842.)

2ᵉ Édition.

PARIS,

PAGNERRE, ÉDITEUR,

RUE DE SEINE, 14 BIS.

—

1842

AVIS

AUX CONTRIBUABLES.

Le BUDGET est le livre des dépenses et des recettes de la Nation.

Toute la Charte, tout le Gouvernement, toute la France est dans le Budget. Or, qui vote le Budget? — La Chambre des Députés. Qui nomme la Chambre des Députés? — Les Électeurs. Que représentent les Électeurs? — Tous les Contribuables. Les Contribuables savent-ils qu'ils payent beaucoup? — Ils ne le savent que trop assurément; mais

AVIS

AUX

CONTRIBUABLES.

Paris. Imp. SCHNEIDER et LANGRAND,
rue d'Erfurth, 1.

savent-ils à quoi monte tout ce qu'ils payent?
— Non.

Eh bien! le voici.

Budget des dépenses.

DETTE PUBLIQUE : 560,427,851 fr.

Dette consolidée (a) et amortissement (b), savoir :

Rentes 5 p. 0/0,	147,042,988	
Id. 4 1/2 p. 0/0,	1,026,600	
Id. 4 p. 0/0,	22,507,575	
Id. 5 p. 0/0,	47,070,885	
Fonds d'amortissement : dotation annuelle,	46,526,685	264,174,531
A reporter		264,174,531

(*a*) Les 217,647,848 fr. » de rentes en 5, 4 1/2, 4 et 3 p. 0/0 se divisent ainsi :

Rentes inscrites au nom de divers particuliers, communes et établissements, en 5 p. 0/0, 115.028.658 ; — en 4 1/2 p. 0/0. 775,564 ; — en 4 p. 0/0, 21,673,115 ; — en 5 p. 0/0, 52,743.207 fr. Ensemble : 170,190,539

Id. appartenant à la caisse d'amortissement, y compris les réserves à inscrire en 1842 et 1843, en 5 p. 0/0, 52,014.350 ; — en 4 1/2 p. 0/0. 254,059 ; — en 4 p. 0/0, 854,262 ; — en 5 p. 0/0, 14,557,678. Ensemble : 47,457,509

217,647,848

(*b*) Le fonds d'amortissement pour 1843 se compose :
1° Des rentes appartenart à la caisse d'amortissement. 47,457,509
2° De la dotation annuelle. 46,526,685

93,983,992

		Report.	264,174,531
Emprunts spéciaux. — Intérêts et amortissements des emprunts contractés en 1821 et 1822, pour construction de ponts, canaux et travaux divers.			10,445,300
Intérêts de capitaux remboursables à divers titres.			
Intérêts de cautionnements.		9,250.000	
Intérêts de la dette flottante.		14,000,000	23,250,000
Dette viagère. — Rentes viagères.		3,100,000	
Pensions.		49,810,000	
Subventions à diverses caisses de retraites et secours.		9,648,000	62,558,000

DOTATIONS : 15,970,000 fr.

Liste civile.	14,000,000
Chambre des pairs.	720,000
Chambre des députés.	722,000
Légion d'honneur (supplément à sa dotation).	528,000

SERVICES GÉNÉRAUX DES MINISTÈRES : 756,497,505 fr.

Ministère de la justice et des cultes. —		
Justice.	20,393,875	
Cultes.	37,485,544	57,879,419
— des affaires étrangères.		8,453,291
— de l'instruction publique.		16,493,233
— de l'intérieur.		97,771,907
— de l'agriculture et du commerce.		13,053,507
— des travaux publics.		55,410,900
— de la guerre.		294,840,792
— de la marine.		102,465,876
— des finances.		17,126,580

A reporter	1,037,895,136

		Report.	1,037,895,436
Travaux publics extraordinaires. —			
Ministère des travaux publics.	34.820,000		
— de la guerre.	35,740,000		
— de la marine.	4,440.000		75,000,000

FRAIS DE RÉGIE ET DE PERCEPTION DES IMPÔTS : 142,580,741 fr.

Percepteurs des contributions directes et agents divers des régies financières (les traitements et remises des *rece-veurs des finances* sont compris dans les services du ministère, ainsi que les traitements de chacune des administrations centrales).

		142,380,741

DIVERS : 63,261,500 fr.

Remboursements aux communes et non-valeurs sur contributions directes, restitutions pour trop perçu et sur les impôts, répartitions de divers produits, primes à l'exportation, escompte sur payements de divers droits.

		63,261,500
Total.		1,318,537,177

Budget des recettes.

Contributions directes.

Contribution foncière.	271,036,940	
— personnelle et mobilière.	56,562,660	
— des portes et fenêtres.	31,778.604	
— des patentes.	41,952,530	
Taxes de premier avertissement.	702,034	402,012,768

Enregistrement, timbre et domaines.

Enregistrement.	195,736,000	
Timbre.	33,922,000	
Domaines.	7,385,110	237,044,110
A reporter.		639,053,878

Report.		639,055,878
Produits dès forêts et de la pêche.		
Forêts.	31,892,500	
Pêche.	2,969,500	34,862,000
Douanes et sels.		
Douanes et produits accessoires.	137,020,000	
Sels (droits de consommation et d'extraction sur les côtes et dans les départements de l'intérieur (*a*).	65,044,000	202,064,000
Contributions indirectes.		
Boissons.	94,430.000	
Sucre indigène.	7,035,000	
Tabacs.	100,000.000	
Poudres à feu.	5,310.000	
Diverses taxes.	36,869,000	243,644,000
Produits des postes.		
Taxe des lettres.	42,328,000	
Droit de 5 p. 0/0 sur les envois d'argent et sur le transport des matières d'or et d'argent.	1,279,000	
Places dans les malles-postes et les paquebots.	3,435,000	
Droit de transit des correspondances étrangères.	1.295.000	
Recettes accidentelles.	56,000	48,393.000
Produits universitaires.		4,084,482
A reporter.		1,172,101,560

(*a*) 56,207,000 fr. sont recouvrés par les employés des douanes et 8,837,000 fr. par ceux des contributions indirectes.

	Report.	1,172,101,360
Revenus et produits divers.		
Produits éventuels affectés au service départemental.	11,400,000	
Produits et revenus de l'Algérie.	2,440,000	
Recettes des colonies.	5,994,000	
Produits divers.	14,238,000	34,072,000
Total des voies et moyens ordinaires de 1843.		1,206,173,360
Ressources extraordinaires (portions de l'emprunt de 1841 destiné à couvrir les dépenses des travaux extraordinaires).		75,000,000
Total général (*b*).		1,281,173,360

(*b*) « Beaucoup d'impôts restent en dehors de ceux qui consti-
« tuent le Budget ; ce sont les droits d'octroi perçus à l'entrée des
« villes (et dont le Budget n'a que le dixième) ; les taxes lo-
« cales de pesage, mesurage, jaugeage et pavage ; les droits de grande
« et de petite voierie, de vente dans les halles et marchés , et de
« stationnement sur une voie publique quelconque ; le droit de
« 25 c. par cheval et par poste, payé par les diligences aux maîtres
« de poste; les frais de mariage et enterrement; le dixième des
« billets d'entrée dans les spectacles et concerts, et le quart de la
« recette brute dans les autres lieux de réunion et de fête , y com-
« pris les guinguettes; les prestations en nature pour chemins vici-
« naux ; les frais *indirects* des procès ; et ceux des salaires des
« conservateurs des hypothèques, qui ne figurent pas dans les
« budgets etc. » (Voy. *Tableau de la dette publique et des budgets,* in-8°, chez Paulin, éditeur; 1842.)

Déficits constatés, et dépenses extraordinaires votées en sus des Budgets.

Déficit antérieur à 1855 et avance au gouvernement de la Grèce.		258,000,000
Déficit sur les budgets actuels, savoir :		
Budget de 1840 (*a*).	158,000,000	
— 1841 (*b*).	75,000,000	
— 1842 (*c*).	147,000,000	
— 1845 (*d*).	57,000,000	*e*)595,000,000
Total des déficits officiels.		655,000,000
Dépenses autorisées par la loi du 25 juin 1841 pour travaux publics extraordinaires à exécuter de 1842 à 1848.		501,000,000
Dépenses pour les chemins de fer, évaluées par le projet primitif du ministère à 400 000,000, élevées par la commission à 475.000,000, et portées définitivement par une improvisation financière de la chambre à (*f*).		600,000,000
Total.		1.754,000,000

(*a*) Projet de loi de règlement.

(*b*) Compte de l'administration des finances rendu pour l'année 1841.

(*c*) Rapport de MM. Laplagne et Vuitry sur le budget de 1845.

(*d*) Résultat primitif du vote de ce budget,

(*e*) Le rapport de M. Lacave-Laplagne, aujourd'hui ministre des finances, élève le chiffre du déficit de ces quatre budgets à 417,000,000 fr. (22,000,000 de plus que notre chiffre.)

(*f*) Voy. Pièces justificatives, N° 1.

Voies et moyens extraordinaires de service.

Emprunt autorisé pour 450 millions et déjà émis pour un tiers, ci,	450, 000,000
Réserves de la caisse d'amortissement devant faire recette aux budgets après la consolidation successive des bons affectés aux rentes dont le cours se maintient au-dessus du pair (*a*), savoir :	
A reporter.	450,000,000

(*a*) Lorsque le cours d'une rente est au-dessus du pair (100 fr.), la caisse d'amortissement n'opère plus de rachats, et le *revenu* de cette rente est payé en bons royaux qui portent intérêt et qui sont capitalisés tous les six mois. Chaque bon est porté au budget au même titre qu'un payement en espèces; il figure dans la dette flottante à côté des autres effets à payer par le Trésor ; puis, lorsqu'il est capitalisé et converti en rentes nouvelles, il disparaît de cette dette, il est annulé, et son importance forme un article de recette au Budget.

Les revenus de l'amortissement augmentent donc progressivement, et en même temps ils accroissent le chiffre général du Budget des recettes et des dépenses.

Le revenu des rentes 5, 4 1/2, 4 p 0/0 montera à la fin de 1842 à 67,000,000 de fr., et il a été calculé qu'au moyen des nouveaux arrérages de rentes provenant des capitalisations semestrielles, ce revenu pourra s'élever :

En 1843 à	69.675.369	En 1850 à	90,495,049
1844	72.526 549	1851	93,938,944
1845	75,079.229	1852	97,513,774
1846	77,936.454	1853	101,225,000
1847	80,902,284	1854	105,078,000
1848	83,980,779	1855	109,077,000
1849	87,177,014		
		Total.	1,144,405,445

L'amortissement s'accroîtra ainsi de 2,651,180 en 1844; de 5,403,860 en 1845, et successivement jusqu'en 1855, époque où il s'élèvera à 39,401,631 de plus qu'en 1843.

Report.	450,000,000
Réserves appartenant aux rentes 5, 4 1/2 et 4 0/0 à réaliser pendant l'année 1842.	67,000,000
— Id. de 1845 à 1851 selon le rapport de M. Dufaure sur les chemins de fer.	829,025,445
— — de 1853 à 1855 selon le rapport de M. de Gasparin à la chambre des pairs (les dépenses primitivement prévues ayant été augmentées).	315,380,000
Total.	1,661,405,445

Mais ces ressources si bien dénommées *extraordinaires* ne peuvent s'obtenir, ainsi que le fait justement observer M. Dufaure (b), qu'en ajoutant aux budgets successifs jusqu'en 1855 :

D'une part, les intérêts des rentes à inscrire au grand livre et 1 0/0 d'amortissement pour les 500 millions qui restent à adjuger de l'emprunt, et qui pourront l'être en 1844 et 1847.   160,000,000

D'autre part, les intérêts ou rentes affectés aux bons ou réserves de l'amortissement, lesquels intérêts peuvent être évalués (c) à.   245,000,000

Il faut donc déduire de la somme des ressources extraordinaires le montant des charges que leur réalisation fera subir au budget, soit :   405,000,000

Reste.	1,256,405,445

(b) Page 105 de son Rapport sur les chemins de fer

(c) Voir les rapports de MM. Dufaure et de Gasparin.

Résumé

des deux tableaux précédents.

Les déficits constatés et les dépenses extraordinaires votées en sus des budgets, s'élèvent à.   1,754,000,000

Les voies et moyens extraordinaires de service ne s'élèvent qu'à.   1,256,405,445

Il restera donc en 1855 à la charge de la dette flottante, un déficit de.   497,594,555

Mais ceci n'est le tout, Messieurs les Contribuables, et c'est dans les discours, rapports, observations, remontrances et chiffres des orateurs ministériels, que nous allons puiser nos dernières argumentations contre le désordre de nos finances.

Certes, nous ne sachons pas qu'il y ait de

financiers plus hommes d'honneur et de con-
science, ni plus habiles en matière d'addi-
tion et de multiplication, que MM. Duprat,
Bartelémy, Roy, Gasparin, de Gasc, Le-
pelletier d'Aulnay, Oger, Dufaure, Vuitry,
Réal, etc. (1).

Et cependant lisez leurs doléances, enten-
dez-les chanter sur les airs les plus pitoyables,
les lamentations de la Trésorerie! Il est vrai
que chacune de ces lamentations se termine
par un hymne à la fortune de la France. Mais
cette fortune-là ressemble à l'autre, et je crains
qu'elle ne dorme sur le bord d'un puits.

(1) Voir pièces justificatives, N° 2.

Dépenses nécessaires et non votées, mais qui devront l'être avant 1855.

Armement des fortifications de Paris (*a*).	44,000,000
Bateaux à vapeur de la Méditerranée, de l'Atlantique, etc. (*b*).	43,000,000
Bâtiments des archives du royaume (*c*).	4,000,000
Palais de l'ambassade de France à Constantinople (*d*).	1,000,000
Bibliothèque royale : achat de terrains, construction et transport de livres, défalcation faite des produits de la vente des terrains et matériaux actuels (*e*).	10,000,000
Rachat des actions de jouissance des canaux (*f*).	30,000,000
Travaux des ports du Havre, de Marseille, de Saint-Nazair, de Granville, etc. (*g*).	50,000,000
A reporter.	182,000,000

(*a*) Ceci est indépendant de la construction des forts et de l'enceinte qui, d'après la loi du 3 avril 1841, coûtera 140,000,000 de fr.

Le chiffre ci-dessus porté de 44 millions est au-dessous même des prévisions du commissaire du roi. (Voyez son discours , *Moniteur du 31 janvier* 1841, page 248.)

(*b*) Voir les rapports sur les Budgets.

(*c*) Rapport de M. Oger, député.

(*d*) Discours du ministre des affaires étrangères à la chambre des députés, séance du 21 mai 1842.

(*e*) Voyez les rapports des commissions de finances.

(*f*) M. le marquis de Bartelémy évalue ce rachat à 30 ou 40 millions, (*Moniteur du 31 mai* 1842.)

(*g*) Marquis de Bartelémy. (*Moniteur du 31 mai.*)

	Report.	182,000,000
Routes royales (*h*).		100,000,000
Canalisation de la Marne, de l'Yonne, de la Basse Seine, etc. (*i*).		65,000,000
Nouveaux phares à établir (*j*).		2,500,000
Port d'Alger (*k*).		12,000,000
Prêt et subvention au chemin de fer du Havre (*l*).		18,000,000
Refonte des monnaies (*m*).		13,703,000
Rappel sur le pied de *paix-armée* de 1841 des troupes de terre et de mer, savoir (*n*).		57,000,000
Armée de terre.	45,000,000	
Flotte (*o*).	12,000,000	2,000,000
Bibliothèque Ste-Geneviève (*p*).		452,203,000

(*h*) M. le marquis de Bartelémy (*Moniteur du 31 mai* 1842).

(*i*)   Id.   Id.

(*j*)   Id,   Id.

(*k*)   Id   Id.   suivant le projet de M. Bernard préféré par la chambre des députés et par le ministère.

(*l*) Dépenses votées après le budget.

(*m*) Projet de loi du gouvernement.

(*n*) Ce chiffre qui ne comprend le rétablissement sur le pied de *paix armée* que pour une année seulement, est encore bien au-dessous de la réalité. Qui pourrait d'ailleurs dans l'état des dispositions de l'Europe envers la France, garantir qu'avant 12 ans la marine et l'armée ne seront pas rétablies sur le pied de la *paix armée*, pendant une année tout au moins ?

(*o*) Voyez pièces justificatives, N° 3.

(*p*) Voyez *Moniteur* du 20 juin 1842.

Ainsi, au déficit constaté qui résultera à la charge de la dette flottante, des dépenses extraordinaires votées en sus du Budget, et qui est de. . . . . 497,594,445 fr.

Il faut encore ajouter les dépenses nécessaires qui n'ont pas été votées, mais qui devront l'être avant 1855. . . . 452,203,000

Ensemble. . . . 949,797,445 fr.

Et de plus, nous ne faisons pas compte ici :

1° De l'indemnité promise aux fabricants de sucre indigène, et qu'on a évaluée à 40 millions;

2° De l'indemnité aux colons pour l'abolition de l'esclavage, que l'on peut porter sans exagération à 100 millions, si l'on en juge d'après les sommes énormes que l'émancipation a coûtées à l'Angleterre;

5° De la portion *hypothétiquement* recouvrable dans l'avance que le trésor devra faire aux localités pour leur part dans les dépenses des chemins de fer ;

Etc.;

Etc.;

Etc.

Le tout encore sans y comprendre celles des dépenses non-mentionnées ci-dessus, qui afflueront, comme d'habitude, dans le contingent des futures lois de crédits supplémentaires.

Du reste, si vous ne m'en croyez pas, voyez plutôt le discours de M. le marquis de Bartelémy à la Chambre des Pairs. Il évalue à près de 400 millions ce qu'il y aura lieu d'ajouter au Budget des travaux extraordinaires, et à près de DEUX MILLIARDS les dépenses auxquelles il faudra pourvoir, c'est-à-dire que, selon le noble pair, les réserves de l'amortissement seront absorbées jusques et par de là 1859, pendant vingt ans !

Et le boni du recensement que j'omettais ! (le boni pour le Trésor, non pour vous, Messieurs

les Contribuables), et je vous invite particulière-
ment à porter ce boni au passif de votre cote,
si, par hasard, le percepteur négligeait de le
faire dans son prochain *Avis aux Contribuables*,
pour l'année 1844.

Après cela, ne trouvez-vous pas, Messieurs,
comme moi, que l'épigraphe de ce petit livre,
si léger d'encre, si lourd de millions, n'est pas
trop mal choisie?

> Nos finances sont puissantes;.. il est vrai qu'elles
> sont engagées.

Voilà donc, Messieurs les Contribuables, le
bilan de l'Etat. Mais peut-être désirez-vous
aussi avoir votre petit compte particulier. Eh
bien! si vous y tenez, je vais vous dire ce que
vous payez aujourd'hui de principal et d'additionnel, sans préjudice, entendez-moi bien, de
ce que vous réserve pour l'avenir un gouvernement si essentiellement à bon marché.

Ayez la bonté de jeter les yeux sur ce tableau :

Comparaison du produit des contributions directes en 1830 et 1843.

Contribution foncière :

Pour 1830.   245,020,902
—   1843.   271,036,940

Augmentation en 1843. . . .   26,016,038
ou 10 f. 61 c. pour 100.

Personnelle et mobilière :

Pour 1830.   41,272,059
—   1843.   56,562,660

Augmentation en 1843.   15,290,601
ou 37 f. 04 c. pour 100:

Portes et fenêtres :

Pour 1830.   15,525,002
—   1843.   31,778,604

Augmentation en 1843. . . . ,   16,253,602
ou 104 f. 69 c. pour 100.

Patentes :

Pour 1830. . . · 28,256,563

— 1843. . . . . — 41,932,530

Augmentation en 1843. 13,675,967

ou 48 f. 39 c. pour 100.

Taxe de premier avertissement :

Pour 1830. 653,526

— 1843. . . . . · 702,034

Augmentation en 1843. 48,508

ou 7 f. 42 c. pour 100.

Total général des Contributions directes :

Pour 1830. 330,728,052

— 1843. 402,012,768

Augmentation en 1843. 71,284,716

ou 21 f. 55 c. pour 100.

Voici maintenant quelques résultats de ce tableau, que vous pourriez bien ne pas trouver très-curieux.

Celui qui en 1830 payait une patente de 150 fr. est imposé aujourd'hui (la nature de sa profession n'ayant pas varié) à 222 fr. 59 c.; et celui qui payait 200 fr. paye aujourd'hui 296 fr. 78 c.

Celui qui payait 300 fr. de contributions foncière, personnelle, portes et fenêtres (par portions égales pour chaque nature de ces trois contributions) est soumis aujourd'hui à un impôt de 452 fr. 55 c.

Celui qui était soumis à 140 fr. de contribution personnelle et mobilière, et de portes et fenêtres (par égale portion) paye aujourd'hui 239 fr. 27 c ; et celui qui payait 200 fr. des mêmes contributions, paye aujourd'hui 341 fr. 73 c.

Celui qui était imposé à 100 fr. pour les portes et fenêtres, paye aujourd'hui 204 fr. 69 c.

Celui qui payait 75 fr. de centimes additionnels pour les besoins spéciaux, départementaux et communaux, paye aujourd'hui 120 fr. 15 c. (pour les trois premières natures de contributions); s'il n'est imposé que pour la personnelle et mobilière, et pour les portes et fenêtres, ses 75 fr. ont été portés à 172 fr. 72 c.

Ne nous étonnons pas si avec ce progrès de l'impôt, les centimes s'apprêtent à passer à l'état de francs, et si c'est l'additionnel qui deviendra bientôt le principal (1).

(1) Je sais et je suis trop juste pour ne pas dire que les écoles primaires, les chemins vicinaux et surtout les routes départementales, dont les centimes additionnels défrayent la dépense, ont accru l'instruction, les progrès et la richesse du pays; mais, quoi qu'il en soit, le chiffre est énorme, inaugmentable, et c'est tout ce qu'il s'agit ici de savoir.

Tous ces États de chiffres parlent d'eux-mêmes.

Résumons-les.

Au lieu d'amortir notre dette, en appliquant à son extinction l'excédant de nos recettes sur nos dépenses, nous avons, dès l'origine, élevé notre dépense au niveau de notre recette, et même au delà (1).

Et de plus, nous avons augmenté notre dette avec les intérêts successifs et accumulés de nos emprunts.

(1) Les Impôts et Revenus indirects étaient en 1830 de.   582,070,000
Ils sont chiffrés au Budget de 1843 pour.   723,718,000

N'aurait-il pas été raisonnable d'amortir la dette, depuis 12 ans, avec cet excédant de revenu qui, pour l'année 1843 seulement, comparé à celui de 1830, est de.   141,648,000
Voilà ce qu'eussent fait des Electeurs, des Députés et des Ministres véritablement économes !

Nous avons entrepris ou achevé, jusqu'à ce qu'on les parachève, des travaux dont l'exécution a surpassé le devis.

Nous avons voulu imiter, en leur extravagance, non en leur grandeur, Louis XIV et les rois d'Égypte et nous avons beaucoup trop donné dans le maçonnage.

Présentement, le monument nous dévore (2).

Après douze ans d'une paix profonde, et d'une prospérité matérielle que l'on dit toujours croissante, nous voilà avec un budget ordinaire en déficit, maladie chronique et, je le crains bien, incurable du corps financier.

Nos dépenses extraordinaires sont fixes, et nos ressources extraordinaires sont *hypothétiques* (5).

En outre, nos dépenses extraordinaires à faire

(2) Voir Pièces justificatives et curieuses N° 4.
(5) Expression de M. de Gasq dans son rapport à la Chambre des Pairs sur le Budget des recettes.

et *à voter* avant 1855 (sans compter l'imprévu d'une guerre, d'une famine, d'une inondation, d'une émeute, de quelque grande catastrophe) monteront à 949,797,445 fr.

Comment les couvrir autrement que par l'amortissement, par l'emprunt, ou par l'impôt ?

Par l'amortissement ? mais il est tout entier, dotation et réserves, engagé pour douze ans, et si la rente baisse, loin de pourvoir aux dépenses extraordinaires non votées, il ne pourra plus même être affecté au solde des dépenses extraordinaires votées.

Par l'emprunt ? mais si l'emprunt a déjà de la peine à rendre 150 millions en pleine paix, que rendrait-il en temps de crise ? que rendrait-il, par exemple, s'il fallait tout à coup et surpris comme par la foudre, restituer plus de 200 millions d'écus à plus de trois cent mille déposants à la caisse d'épargne, et jeter sur la place encombrée et tumultueuse, des inscriptions de rentes et des bons avilis (1)?

Par l'impôt direct? mais l'impôt direct qui, en 1830, était de 530,728,052 fr. est aujourd'hui de 402,012,768 fr.

Par l'impôt indirect? mais son chiffre qui a déjà monté et qui peut monter encore au-dessus des prévisions, ne peut-il descendre au-dessous, ainsi qu'on l'a vu en 1840 ?

Il était pourtant si facile à nos hommes d'État de suivre les maximes financières les plus simples, et que voici :

L'État ne doit pas se régler autrement qu'un bon père de famille.

Tout État, comme tout particulier, ne s'enrichit qu'en payant ses dettes.

(1) Voir Pièces justificatives et curieuses N° 5.

L'État, qui ne meurt pas, ne doit pas se comporter comme un avide usufruitier, ni grever l'avenir au profit du présent.

Lorsque l'État a reçu du passé le faix d'une dette écrasante, il ne s'en débarrasse pas en se tirant un coup de pistolet, il fait banqueroute!

Quand un capitaliste n'a que 1,000 francs dans son sac, il ne peut pas prêter à la fois 1,000 francs à un autre capitaliste, et 1,000 francs à l'État.

Les bourses de l'industrie, du commerce et de l'agriculture ne sont pas inépuisables; on parvient à les vider avec la pompe aspirante des impôts et de l'emprunt.

Tout pays épuisé d'argent est, au dedans, sans force contre l'anarchie, et, au dehors, sans force contre l'étranger,

Tout État qui ne peut pas faire face aux be-

soins de la paix, peut bien moins encore faire
face aux besoins de la guerre.

Il n'y a pas une de ces maximes qui ne con-
damne à plein notre système financier.

Encore, si pour avoir voulu faire prévaloir
les intérêts matériels sur les intérêts moraux et
sur les instincts nobles, élevés, délicats de notre
généreux pays, le gouvernement avait du moins
satisfait ces intérêts matériels !... Mais ils souf-
frent, mais ils crient.

La marine marchande est en décadence, les
prisons en délabrement, les canaux et rivières
en pire état d'entretien et de navigabilité, les
forteresses en dégradation, les routes de terre
en négligence, les routes de fer en retard.

L'agriculture et l'industrie luttent ensemble, le Nord contre le Midi, les ports contre
les campagnes, la canne contre la betterave,
les producteurs et les exportateurs des vins et

des eaux-de-vie, contre les houilliers, les maîtres de forges, les éleveurs de bestiaux et de chevaux, et les filateurs de lin. Ils se disputent la curée des tarifs, comme les Députés et les Electeurs se disputent la curée des faveurs et des emplois.

La misère et les angoisses des pays vinicoles sont tels que l'on a proposé à des percepteurs, faute d'écus, de les payer en vins, et que, dans l'égarement de leur désespoir, quelques Français (ils ne méritaient pas ce nom !) ont formé le vœu impie d'une séparation d'avec la France.

Mais si notre Administration ne s'est pas montrée, au dedans, très-experte en matière d'économie politique et financière, peut-être qu'elle s'est montrée au dehors, ferme, habile et triomphante ?

Or, sommes-nous bien avec les peuples ? non ; avec les rois ? non ; avec l'Espagne ? non ; avec la Sardaigne, Naples, le duc de Modène, le duc de Modène ! non.

Avec la Russie, la Prusse et l'Autriche ? non, non.

Avec le Portugal, la Hollande, le Brésil, et le Mexique, et Méhemet-Ali, et Rosas, et le bey de Tripoli, et l'empereur de Maroc, et le président Tyler, et le président Boyer, et le Pape et le Grand-Turc ? non, hélas, mon Dieu ! non.

Notre alliance avec l'Angleterre, si laborieusement nouée, se rompt par tous les bouts.

Elle a si bien travaillé le dessous d'Alger que nous y avons perdu, sans l'avoir encore soumise ni colonisée, plus de soixante-dix mille soldats, la fleur de notre brave armée, et 400 millions, la plus pure substance de nos contribuables.

Elle a fulminé contre nous l'excommunication de la quadruple Alliance.

Elle force avec ses machines, ses houilles et ses lins, l'entrée de nos ports et elle ferme les

siens à nos soies, à nos vins et à nos eaux-de-
vie.

Sous prétexte d'empêcher la Traite, elle af-
fecte la suprématie des mers. Cet Océan qui
couvre de ses eaux les trois quarts du globe, il
est à elle, sauf quelques pêcheries d'huîtres et
quelques zones d'une portée de boulet, à vue
des côtes et des forts !

La voilà aussi qui court sur les flots de la Mé-
diterranée! Gibraltar se dresse devant elle,
avec ses batteries hérissées de canon, et Malte
la salue en passant. Elle domine la Syrie,
occupe la mer Rouge, comprime l'Égypte, et,
par le transit de Suez, elle sera bientôt la maî-
tresse du commerce du monde.

Que d'établissements, que de factoreries, que
d'îles, que de mers, que de continents, que d'em-
pires, l'Angleterre ne tient-elle pas dans ses
mains? Le Bengale, la côte de Coromandel,
Calcutta, Bombay avec cent millions d'Indous ;
Ceylan, la reine des épices ; Maurice, si fertile

en sucre ; le Canada, si riche en fourrures ; Sainte-Hélène, relâche forcée de tous les bâtiments européens ; la Jamaïque, la plus belle peut-être des Antilles ; le rivage occidental d'Afrique, ce marché si envié et si florissant de la gomme, des ivoires, de la poudre d'or et des plumes d'autruche ; le cap de Bonne-Espérance et le pays des Cafres, et toute cette côte qu'elle enveloppe, qu'elle étreint dans une ceinture de forts et de comptoirs !

Elle médite la conquête de la Chine, s'enfonce dans l'Océanie et convoite le Sénégal, Java, Saint-Yago de Cuba et la Havane, l'Algerie peut-être. C'est trop !

C'est trop, c'est beaucoup trop pour notre commerce, notre indépendance, notre honneur !

Je le dis dans toute la sincérité de mon âme, je regarde la paix comme le premier des biens pour tous les hommes, comme le devoir le plus sacré de chaque État envers ses sujets et de l'Europe envers le monde. J'aurais voulu que la France, il y a douze ans, déclarât solennellement à la face de l'univers, qu'elle voulait la liberté chez elle, la paix chez les autres et que, tendant à ses voisins une main amie, elle licenciât la moitié de son armée ; que, tout entière au travail de son économie intérieure et de sa régénération financière, elle éteignît sa dette avec l'excédant de ses revenus ; qu'elle dégrevât peu à peu les impôts, qu'elle ranimât l'agriculture, les arts et le commerce, et qu'elle tournât sur elle-même, sur l'amélioration physique, intellectuelle et morale de ses 35 millions d'habitants, les forces prodigieuses de son intelligence et de son génie.

Mais une paix imposée par l'étranger et par le déficit, une paix humiliante au dehors, ruineuse au dedans, liée aux bras et aux jambes, sans mouvement, sans dignité, sans gloire, sans fécondité et sans crédit, en voudriez-vous ?

— Et si nous en étions là, si ce présent, si cet avenir nous serrent à la gorge et nous étouffent, ne serait-ce pas la faute des Ministres, des Députés et des Électeurs?

Les Ministres, tous et de tous les quantièmes malheureusement, et ceux-ci pas moins ni pas plus que les autres, ne veulent que des élus complaisants, les élus complaisants que des électeurs corrompus, et les électeurs corrompus que des députés productifs.

Or, quand un ministre accorde à un député, à une coterie de députés, il ne peut guère refuser à un autre député, à une autre coterie de députés. Quand un député demande pour soi, son fils, son gendre, son neveu, ou ses cousins, ou bien pour son département, son arrondissement, son canton, son clocher, il aurait mauvaise grâce à ne pas vouloir que son camarade demandât aussi pour soi, son fils, son gendre, son neveu, ou ses cousins, ou bien pour son département, son arrondissement, son canton, son clocher. Il se fait de la sorte un échange dont l'État paye la soulte. Les amis passent aux Ministres les dépenses, et les Ministres passent aux amis les recettes.

Ainsi vont toutes ces majorités d'argent, roulant sans principe d'un système à l'autre! et pour les retenir, le ministère ne les tire pas à soi, il les suit, il leur cède mollement. Il cédera, par exemple, sur les fortifications de Paris dont il ne voulait pas (1) ; sur les 125 millions du chemin de fer dont il ne voulait pas (2), etc.

Chose admirable, et comment trouvez vous qu'il faille que ce soit moi qui défende les prérogatives du gouvernement contre les violences de la majorité, et le Ministère contre les Ministres !

La Chambre, à son tour, n'a pas eu mieux

(1) Voy. les Discours du maréchal Soult et des commissaires du roi.

(2) Voy. Exposé des motifs du ministre des Travaux publics.

que les Ministres, et je dirai même, elle a eu moins qu'eux encore, la haute intelligence de ses droits et de ses devoirs, de sa position et de la nôtre. Tantôt au-dessus, tantôt au-dessous de sa puissance, traînant à sa remorque les Ministres des trois régimes, ou traînée par eux, pacifique par peur, belliqueuse par peur, elle n'a eu que des envies avortées et que des. résolutions flottantes, et elle a misérablement fini dans l'éparpillement tronçonné des systèmes et des volontés, sa vie commencée dans la coalition des volontés et des systèmes.

Je ne parlerai ni de la réforme électorale, ni de la réforme parlementaire, ni de la révision des lois de septembre, ni de la liberté du jury, ni du droit de visite, ni des meurtrissures de la presse, ni de toutes ces grandes questions politiques, de ces questions brûlantes que ma plume allait toucher et que je laisse ; je me renferme dans la question financière, et je n'en veux pas ici traiter d'autre.

Financièrement donc, la Chambre n'a-t-elle pas accru la Dette au lieu de la réduire? N'a-t-elle pas forcé, ouvert la main dépensière des Ministres, au lieu de la leur fermer? Ceci est grave, très-grave.

En effet, je reconnais et je dis que la Chambre des députés, dans le jeu régulier et constitutionnel de notre gouvernement représentatif, fait les Ministres; mais je dis qu'ainsi que la Nation, toute souveraine qu'elle soit, ne saurait et ne pourrait, et par conséquent ne doit pas gouverner elle-même; ainsi la Chambre, toute omnipotente qu'elle soit, ne saurait et ne pourrait, et par conséquent ne doit pas gouverner elle-même non plus. La Chambre est Chambre, elle n'est pas Ministre. Elle n'est pas responsable, elle ne doit pas, elle ne peut pas l'être. Or, c'est se faire Ministre soi-même, que d'administrer en indiquant ce qui devra être fait dans tel chapitre, pour telle cause, à telles enseignes et sur tel objet. C'est se faire soi-même responsable, en droit et en fait, que d'imposer aux Ministres une dépense qu'ils n'ont pas demandée et qu'ils ne veulent point.

Les Ministres qui subissent une dépense forcée manquent donc à leur prérogative, et la Chambre excède la sienne.

Et, fiscalement parlant, à quels abus monstrueux, à quelles impuissances finales, l'omnipotence de la Chambre ne mènerait-elle pas sur ce train le Gouvernement et le Pays?

Supposez que la Chambre, par un caprice de majorité, par un coup de tête, par une boutade, impose aux Ministres une dépense de cinquante millions, en sus du Budget, vers la fin du Budget? Le Gouvernement en appellera-t-il à la Chambre mieux informée? mais elle est déjà partie. Obtiendra-t-il un amendement de la Chambre des pairs? mais il est trop tard. Ne fera-t-il pas la dépense? mais il désobéirait à la loi. Fera-t-il la dépense? mais comme la loi des recettes ne l'a ni prévue ni couverte, par quels voies et moyens sortira-t-il d'affaire?

Mieux vaudrait le rejet du Budget; car s'il brise les ministres par le refus de concours, il ne brise pas du moins les coffres de la Trésorerie par l'effraction d'un vote.

Et maintenant, Électeurs, je m'adresse à vous. Que d'autres vous caressent et vous flattent! c'est le moment, le bon moment, je l'avoue, ou jamais; moi, je vous dirai la vérité.

Vous savez, mieux que moi, que ce n'est pas à la veille d'une faillite qu'un négociant peut entreprendre de belles affaires, ni sans écus qu'un laboureur peut améliorer ses champs. Sachez de même qu'avec un Budget en déficit, jamais un gouvernement n'a pu faire de grandes choses; jamais, et nulle part, dans l'antiquité, et dans les temps modernes surtout, il n'y eut, sans des finances réglées, de succès pour les armes, de police ni d'ordre pour l'administration intérieure des états, de bonne paix ni de bonne guerre. Avec son argent, Philippe mit Athènes sous le joug ; avec son argent, Auguste pacifia Rome ; avec son argent, Henri IV allait fondre sur l'Allemagne rompue et ruinée ; avec son argent, Napoléon fit ses grandes guerres ; avec son argent, Pitt soudoya les Russes et les Prussiens. L'Espagne n'a-t-elle pas une population héroïque? Oui, mais elle manque d'argent. Le Portugal, sans argent, se jette aux genoux de l'Angleterre ; Méhémet, sans argent, licencie ses armées et ses flottes. Le Turc, sans argent, n'a ni police, ni lois, ni gouvernement. L'Angleterre elle-même s'épuise, et elle furète, avec ses mille voiles, dans tous les coins du Globe, sonde les golfes et les baies, perce les rochers des fleuves, abaisse les cataractes, se fraye au-dessus des montagnes des passages de géant, affronte les glaces du pôle, se brûle aux sables dévorants de Libye, investit et dépossède les beys, les rajas, les sultans et les rois, tient à la chaîne des esclaves blancs, traque les neutres, empoisonne les sujets du Céleste empire, et pourquoi? pour ouvrir des marchés à ses cotons filés, à ses houilles, à ses aciers, à ses machines, à son opium, et pour estampiller les inscriptions semestrielles de sa dette qui la talonne.

Et vous, Français, vous Contribuables, vous Électeurs, vous courez plus vite encore que l'Angleterre sur la pente des abîmes! Le Ministère vous y pousse, les Chambres vous y poussent; vous y pousserez-vous aussi vous-mêmes ? je dis vous-mêmes, car c'est vous qui représentez les autres tributaires du budget, c'est-à-dire tous les Contribuables; c'est vous qui nommez les contrôleurs du budget, c'est-à-dire les Députés. Nommez donc, je vous en conjure, des Députés probes, indépendants, économes, économes surtout! c'est là, croyez-le bien, la question, la grande, l'imminente, l'impérieuse question du moment, car elle intéresse toutes les opinions, parce qu'elle touche à toutes les fortunes.

N'oubliez pas qu'en n'élisant que dans un intérêt particulier des députés qui vous rapportent, c'est le très-petit nombre d'entre vous qui en bénéficiez, tandis qu'en élisant dans un intérêt général des députés qui économisent, c'est le grand nombre, c'est tout le monde qui en profite.

Ne dites pas que vous n'en payez pas moins d'impôt pour avoir nommé quelques députés économes; dites plutôt que vous ne payez tant que pour n'en avoir pas assez nommé, et dites-vous aussi que vous payeriez encore davantage, si vous n'en aviez pas nommé du tout. Ne dites plus également, pour vous excuser, que vous n'avez jamais lu le Budget ordinaire? on vous le donne. Que vous ne connaissez pas le chiffre de nos dépenses extraordinaires? le voici. Que vous ne vous doutiez pas qu'il y eût, en outre, tant de dépenses urgentes à prévoir, à voter, à faire et à solder? On vous les a dites, et il y en a cependant encore plus d'omises dans nos chiffres, qu'il n'y en a d'indiquées. Que les Ministres, heureusement, veilleront sur le trésor? ils l'épuisent. Que les Chambres diminueront la dépense? elles l'accroissent. Que les industries rivales s'entendront pour vous sauver? elles sont en guerre entre elles et contre vous. Qu'on fera de nouveaux emprunts? A qui? Qu'on s'en tirera en augmentant l'impôt foncier, l'impôt de vos maisons, de vos vignes, de vos bois, de vos terres, l'impôt de votre travail et de vos sueurs, l'impôt par où s'échappent votre vie, vos économies et l'héritage de vos enfants! Le peut-on et le voulez-vous? Si on ne le peut pas et si vous ne le voulez pas, alors on fera, le mot est sur mes lèvres, je le retiens.... mais vous l'avez prononcé : on fera BANQUEROUTE!

Électeurs de mon pays, représentants des Contribuables, Contribuables vous-mêmes, Contribuables abusés, hommes de plus de simplicité que de prévoyance, souffrirez - vous toujours qu'on dise, à voir la manière dont vous avez, depuis douze ans, travaillé dans la législature, que vous n'entendez rien à votre métier de souverains d'un jour; mais s'il est vrai que vous manquiez encore du sens politique et si vous ne savez guère où vont vos libertés, sachez du moins où va votre argent!

Vous êtes avertis, allez!

PIÈCES JUSTIFICATIVES

ET CURIEUSES.

PIÈCES JUSTIFICATIVES ET CURIEUSES.

N° I.

Chemins de fer.

La question des chemins de fer est aujourd'hui l'idée fixe qui préoccupe la France et l'Europe. C'est beaucoup que d'opérer le transport plus prompt des voyageurs et des troupes, l'arrivage plus court et la répartition plus égale des substances alimentaires du peuple, en pain, viande et liquides, et la repression plus facile et plus énergique des émeutes et des désordres. Mais vus de plus haut encore, les chemins de fer accéléreront surtout la circulation des idées. La circulation des idées pressera le progrès de la civilisation, et la civilisation amènera la chute ou la modification du despotisme ; et j'admire ces rois absolus de l'Europe, qui, poussés par le doigt de la Providence, introduisent eux-mêmes, au sein de leur empire, ces véhicules rapides, intelligents et pacificateurs.

4

La Chambre des députés avait à choisir entre l'exécution simultanée et l'exécution successive des lignes de fer ; tronçon elle-même, elle ne pouvait faire qu'une loi tronçon !

Trois avantages ressortaient pourtant d'une ligne unique :

1° On épargnait 400 millions qui vont grever le budget. Car une ligne unique et successive n'eût coûté à l'État que 200 millions, et la dépense des lignes simultanées est évaluée à 600 millions.

2° L'État, pour les travaux d'art et de terrassement ; les départements et les communes, pour les achats et cessions de terrains ; et les compagnies pour la pose des rails, la fabrication des locomotives et les frais du matériel, tant mobile que fixe, des transports, emprunteront 1,200 millions, savoir : les départements et les communes à l'État, sous le nom d'avances, l'État aux capitalistes, sous le nom de rentes, et les capitalistes aux particuliers, sous le nom d'actions. Un emprunt de 1,200 millions !

3° Si le génie de la physique, de la mécanique et de la chimie invente, avant dix ans, des procédés de locomotion plus véloces, plus économiques et moins dangereux, que deviendront et les travaux faits et l'argent perdu sur tant de tronçons entrepris dans le système actuel ? n'eût-il pas été plus sage de ne pas se lancer dans l'inconnu, de ne marcher que sur les pas de l'expérience, et de ne commencer que l'exécution d'une ligne unique ?

Mais, faites donc de grandes choses avec ces députés qui, dans le mirage de corruption qui les enveloppe, et de quelque côté qu'ils se tournent, n'aperçoivent au bout de l'horizon, que leur clocher !

N° II.

Doléances et prédictions des orateurs minis-tériels sur l'état actuel de nos finances.

« Nos finances sont puissantes ; il est vrai qu'elles
« sont engagées. »

(M. DE GASPARIN, pair de France,
séance du 24 mai 1842)

❀

« Lorsqu'un État laisse introduire le désordre
« dans ses finances, lorsqu'il est tout à coup obligé
« de s'avouer impuissant à remplir les engagements
« qu'il a contractés, il n'inspire plus ni sécurité à
« ses amis, ni crainte à ses ennemis ; il est bientôt
« menacé par la révolution ou par la conquête, et il
« est désarmé devant elles. »

(M. DUFAURE, député, séance du 16 avril.)

❀

« Le devoir de l'homme d'État est de voir par
« avance. »

(M. Lepelletier-d'Aulnay, député,
séance du 17 mai.)

❀

« N'ouvrons jamais la caisse publique à des besoins
« prochains ou éloignés, sans assigner au ministre
« des finances, par la loi même qui l'oblige, une pro-
« vision de recette définitive équivalente aux man-
« dats qu'il doit acquitter. »

(M. le marquis d'Audiffret, pair de France,
séance du 2 juin.)

❀

« Les ressources destinées à l'exécution des chemins
« de fer ont un caractère éventuel et précaire. »

(M. Dufaure, séance du 16 avril.)

❀

» La France entreprend une tâche hardie, mais

54

« difficile ; elle engage son avenir pour plus de dix
« ans, et encore faut-il que ce soit dix ans de pros-
« périté ! »

(M. Lacave-Laplagne, aujourd'hui ministre des
Finances, séance du 27 avril 1842.)

« Il n'y a plus d'entraves mises à l'extension des
« dépenses. Si cela continue, on compromettra la
« puissance de la France. C'est un devoir de le dire,
« car il est grand temps de s'arrêter. »

(M. Lepelletier-d'Aulnay,
séance du 17 mai 1842.)

« Le chiffre de la dépense prévue pour 1843 est
« élevé. Tel qu'il est toutefois, il n'accuse point encore
« toute l'étendue des charges de cet exercice. »

(M. Félix Réal, député,
séance du 29 mai 1842.)

« La dette flottante parviendra en 1843 à la somme
« considérable de 669 millions, qu'elle n'avait encore
« atteinte à aucune époque antérieure. »

(M. le marquis D'AUDIFFRET,
séance du 2 juin.)

✿

« Des besoins nouveaux apparaissent chaque année,
« et chaque année aussi les besoins anciens exigent
« des sacrifices plus considérables. »

(M. LACAVE-LAPLAGNE,
séance du 27 avril 1842.)

✿

« N'oublions pas que chaque somme de plus,
« quelque modique qu'elle soit, vient ajouter aux dif-
« ficultés d'une position bien difficile déjà. »

(M. LACAVE-LAPLAGNE,
séance du 27 avril 1842.)

✿

« Nous appelons, en ce moment, le concours de
« l'impôt et du crédit, les efforts du présent et les en-
« gagements de l'avenir. »

(M. Félix Réal,
séance du 29 mai 1842).

❁

« Nous nous confions à la fortune de la France. »

(M. Dufaure, séance du 16 avril 1842).

❁.

N° III.

Forces maritimes de l'Angleterre, de la Russie et de la France.

L'Angleterre possède à flot 555 navires de guerre dont 112 vaisseaux de 70 à 120 canons, 102 bâtiments de 38 à 50 bouches à feu, 227 de 36 et au dessous, 104 bâtiments à vapeur, armés en totalité de 16,715 canons. Elle a, en outre, en construction, 64 bâtiments, dont 15 vaisseaux de ligne de 70 à 120 canons, et 17 bateaux à vapeur armés ensemble, de 1,742 bouches à feu. Voici actuellement l'état des forces armées : 19 vaisseaux de ligne, 56 frégates et corvettes, 69 navires à vapeur, 112 bricks, cutters, etc. Total, 271.

La Russie (en 1838) avait 143 bâtiments dont, entre autres, 41 vaisseaux de ligne de 74 à 100 canons, 29 frégates de 44 à 60 bouches à feu, 6 corvettes, 16 bricks, etc., armés de 5,628 bouches à feu et montés par 44,387 hommes d'équipage, qui ne quittent jamais la flotte.

Le Budget de la marine française (1843) ne portait l'effectif, avant l'amendement Lacrosse, qu'à 158 bâtiments, dont seulement 140 armés.

Discours de M. Ducos, *Moniteur* du 27 mai 1842.

N⁰ IV.

Abus des maçonnages parlementaires.

La Madeleine a déjà coûté plus de 15 millions, l'hôtel du quai d'Orsay plus de 12.

Partout les prévisions de crédit ont été dépassées, tantôt du double, tantôt du triple.

Le palais de Constantinople coûtera deux fois plus cher qu'on ne l'avait dit.

En 1837, un crédit de 500,000 fr. avait été ouvert, puis augmenté en 1838 et porté à un million sur l'assurance donnée par le ministre que, moyennant ce crédit, l'établissement des archives du royaume serait *complet* et qu'on n'aurait plus, *ni par le présent ni par l'avenir, à s'en occuper.*

« En 1842, on arrivera à dépenser une somme de « plus de *cinq millions,* et on n'aura, pour le service « des archives, que des constructions, sinon impropres

« à leur destination, du moins peu convenablement
« distribuées. » (Ceci est extrait du rapport à la
Chambre des députés du 17 mai 1841.)

Les canaux de 1821 et 1822 qui s'élevaient en pré-
vision à 125 millions, en auront coûté plus de 300.
(Marquis de Bartelémy, *Moniteur* du 31 mai.)

La somme de 26 millions, demandée récemment
pour le port militaire de Cherbourg et ses accessoires,
sera dépassée de plus de 17 millions, d'après les éva-
luations du directeur de ce port. (*Idem.*)

Il n'y a pas même jusqu'au palais des Députés, de
ces contrôleurs si vigilants, si sévères, si épargneux
des deniers du Trésor, où les frais et décors dudit
palais n'apparaissent, ne disparaissent et ne re-
viennent plusieurs fois sous les mots plus ou moins
ingénieux de *restauration, appropriation, solde des
travaux, solde des dépenses, complément des dépenses,* lesquelles dépenses ne sont jamais ni définitivement complètes ni définitivement soldées. (Voir la
situation des travaux au premier décembre 1841.)

N° V.

Importance et placement des fonds des caisses d'épargnes.

Les fonds des caisses d'épargnes (de cette institution d'ailleurs si populaire et si utile) qui s'élevaient, au premier janvier 1841, à 190,000,000 de fr., peuvent monter aujourd'hui à 270,000,000, et iront probablement, à la fin de l'année courante, à 300,000,000.

Les dépôts sont représentés :

1° Par une inscription de rentes remise à la caisse des dépôts et consignations par le Trésor en 1837 et au capital de 102,000,000

2° Par d'autres inscriptions de rentes provenant d'achats successivement faits pour 68,000,000

3° Par des bons royaux remis en échange de versements faits au Trésor. 50,000,000

4° Par des valeurs et titres divers remis en garantie de prêts faits à des particuliers, communes et établissements publics pour le surplus, sauf quelques encaisses de réserves 50,000,000
____
270,000,000

Nº VI.

TABLEAU DES BUDGETS
depuis 1814.

	RECETTES.	DÉPENSES.
1814 9 derniers mois	572,293,587	572,293.587
1815	951,444,404	951,441,404
1816	1,055,854,028	1,055,854.028
1817	1,270,512,550	1,189,255,628
1818	1,455,746,666	1,455,746,666
1819	956,658,784	896.000 028
1820	959,258,065	906,729,665
1821	954,771,514	908,544.345
1822	987,904,511	949,174,982
1823	1,118.081,151	1,118.025,162
1824	989,619,041	986.075,842
1825	982,557,516	981,972 609
1826	985,115,562	976,948,919
1827	954,518,482	986,554,165
1828	1,028 868,187	1,024,100,657
1829	1,026,657,645	1,014,914.452
1830	1,051,796.054	1,095,142,115
1831	1,305,550,970	1,219,510,975
1832	1,149,540.204	1,174,550,197
1833	1,162,552,924	1,134,072,914
1834	1,066,998,542	1,063,559.443
1835	1,071,544,900	1,047,207,680
1836	1,096,515,957	1,065,899,158
1837	1,091,814,905	1,078,902,494
1838	1,150,616,965	1,156,188,851
1839	1,195,545,884	1,179,046,555

	RECETTES.	ᵀ DÉPENSES.
1840	1,225,706,573	1,363,716,102
1841 (situation provisoire.)	1,412,487,794	1,485,141,115
1842 (par approximation.)	1,255,000,000	1,402,000,000
1843 (évaluation primitive.)	1,281,170,000	1,318,537,000

CATALOGUE

DES

PUBLICATIONS POPULAIRES,

Historiques, Politiques, Philosophiques et Littéraires,

DE

PAGNERRE, ÉDITEUR,

RUE DE SEINE, 14 BIS.

(Juin 1842.)

OUVRAGE TERMINÉ.

DICTIONNAIRE POLITIQUE,

Encyclopédie

DU LANGAGE ET DE LA SCIENCE POLITIQUES,

PAR UNE RÉUNION

de Députés, de Publicistes et de Journalistes,

avec une introduction

PAR GARNIER-PAGÈS.

Un volume in-8 grand jésus vélin. de près de 1,000 pages à deux colonnes, contenant la matière de 12 volumes in-8 ordinaires, orné d'un portrait de GARNIER-PAGÈS sur Chine.

Prix : **20** francs.

NOUVELLE PUBLICATION : *Le Dictionnaire politique* est aussi publié en **40 livraisons**. Chaque livraison contient 24 pages ou 48 colonnes.—Il paraît une livraison tous les samedis.

Prix : **50** centimes la livraison.

M. Altaroche.

CONTES, DIALOGUES ET MÉLANGES DÉMOCRATIQUES. 2e édition. 1 joli vol. in-32, jésus vélin.   1 fr. 25 c.

CHANSONS POLITIQUES (1833). 1 joli vol. in-18.   5 fr.

CHANSONS POLITIQUES (nouvelles). 2e édition. 1 joli vol. in-32, jésus vélin.   1 fr. 25 c.

LA RÉFORME ET LA RÉVOLUTION, Paraboles historiques (1841). 1 joli vol. in-32.   1 fr. 25 c.

M. Chapuys-Montlaville.

ÉTUDE SUR TIMON. 1 vol. in-32. 3e édition.   25 c.

MAZAGRAN, récit des journées des 3, 4, 5 et 6 février. 1 vol. in-32. 3e édition.   50 c.

RÉFORME ÉLECTORALE : LE PRINCIPE ET L'APPLICATION (1841). 1 vol. in-32.   1 fr. 25 c.

M. Auguste Luchet.

RÉCIT DE L'INAUGURATION DE LA STATUE DE GUTENBERG et des fêtes données à Strasbourg les 24, 25 et 26 juin 1840; par Aug. LUCHET, délégué par la Société des gens de lettres aux fêtes de l'Inauguration; orné d'une jolie vignette représentant la statue de GUTENBERG, par David (d'Angers). 1 vol. in-32.   1 fr. 25 c.

JUSTES FRAYEURS D'UN HABITANT DE LA BANLIEUE à propos des fortifications de Paris. 1 volume. in-32. (1841.)   50 c.

M. V. Schœlcher.

DES COLONIES FRANÇAISES. Abolition immédiate de l'esclavage, 1 beau vol. in-8. (1842.)   6 fr.

ABOLITION DE L'ESCLAVAGE, examen critique du préjugé contre la couleur des Africains et des sang-mêlés. 1 vol. in-32 jésus vélin. (1840.)   1 fr. 25 c.

M. Charles Didier.

NATIONALITÉ FRANÇAISE (1841). 1 vol. in-32.   75 c.

J. Bentham.

CATÉCHISME DE LA RÉFORME ÉLECTORALE, précédé d'une lettre à TIMON sur l'état actuel de la démocratie en Angleterre; par M. ÉLIAS REGNAULT. 1 vol. in-32, orné du portrait de Bentham.   1 fr. 25 c.

SOPHISMES PARLEMENTAIRES, traduits de l'anglais et précédés d'une lettre à M. GARNIER-PAGÈS, sur l'*Esprit de nos Assemblées délibérantes*, par M. ÉLIAS REGNAULT. 1 beau vol. in-8.   5 fr.

Sous Presse.

TACTIQUES DES ASSEMBLÉES DÉLIBÉRANTES. 1 vol. in-8.

P.-J. Béranger.

OEUVRES COMPLÈTES DE P.-J. BÉRANGER. Nouvelle et très-jolie édition (1841). 5 vol. in-32, ornés d'un beau portrait.   3 fr. 50 c.

P.-L. Courier.

PAMPHLETS politiques et littéraires, avec la Notice de A. CARREL. 2 vol. in-32, jésus vélin.   2 fr. 50 c.

Sieyès.

QU'EST-CE QUE LE TIERS-ÉTAT ? Brochure publiée en 1789, par SIEYÈS, précédée d'une introduction par M. CHAPUYS-MONTLAVILLE, député. 1 vol. in-32, orné du portrait de Sieyès.   1 fr. 25 c.

Général Pépé.

L'ITALIE POLITIQUE, avec une Introduction, par M. CH. DIDIER (1840). 1 vol. in-32.   2 fr.

Agricol Perdiguier.

LE LIVRE DU COMPAGNONNAGE; par A. PERDIGUIER, dit *Avignonnais-la-Vertu*. 2ᵉ édition considérablement augmentée. 2 vol. in-32.   2 fr. 50 c.

Ludwic Bœrne.

FRAGMENTS POLITIQUES ET LITTÉRAIRES, précédés d'une Note par M. CORMENIN et d'une Notice sur la vie et les écrits de BŒRNE. 1 fort vol. in-32 jésus vélin, orné du portrait de l'auteur.   1 fr. 50 c.

Élias Regnault.

HISTOIRE CRIMINELLE DU GOUVERNEMENT AN-GLAIS, depuis les premiers massacres de l'Irlande jusqu'à l'empoisonnement des Chinois. 1 vol. in-8 de 500 pag. 4 fr.

L'ouvrage est aussi publié en 16 livraisons à 25 centimes, une tous les samedis.

M. Eusèbe de Salle.

PÉRÉGRINATIONS EN ORIENT, ou Voyage pittoresque, historique et politique, en Égypte, Syrie, Palestine, Turquie, Grèce, etc., pendant les années 1837, 1838, 1839 et 1840. 2 forts vol. in-8. 15 fr.

M. Alexis Dumesnil.

HISTOIRE DE L'ESPRIT PUBLIC EN FRANCE depuis 1789, des causes de son altération et de sa décadence. 2ᵉ édition. 1 beau vol. in-8. 5 fr.

M. Courcelle-Seneuil.

LE CRÉDIT ET LA BANQUE, études sur les réformes à introduire dans l'organisation de la Banque de France et des Banques départementales, contenant un exposé de la constitution des Banques américaines, écossaises, anglaises, françaises. In-8. 2 fr.

Général Soltyk.

LA POLOGNE, Précis historique, politique et militaire de sa révolution, précédé d'une esquisse de l'histoire de la Pologne, depuis sa fondation jusqu'en 1830 ; par ROMAN SOLTYK, membre de la diète, général de brigade d'artillerie. 2 vol. in-8, accompagnés de 4 cartes et de 4 portraits. 16 fr.

Cet ouvrage est, jusqu'à ce jour, le plus exact et le plus complet qui ait été publié sur la révolution de Pologne.

Aristide Guilbert.

DE LA COLONISATION DU NORD DE L'AFRIQUE, nécessité d'une association nationale pour l'exploitation agricole et industrielle de l'Algérie. 2ᵉ édition, 1 vol. in-8. 7 fr. 50 c.

NÉMÉSIS ; par BARTHÉLEMY. 2 beaux et forts vol. in-32. 3 fr.

ESSAI *sur les moyens d'extirper les préjugés des blancs* contre la couleur des africains et des sang-mêlés, ouvrage couronné par la Société française pour l'abolition de l'esclavage, par S. Linstant d'Haïti. 1 vol. in 8. 3 fr. 50

ÉMIGRATION A LA GUYANE ANGLAISE, par FÉLIX MILLEROUX. 1 vol. in-8ᵉ, orné de 3 cartes. 2 fr. 23 c.

9

Lalouel.

LES ORATEURS DE LA GRANDE-BRETAGNE, depuis Charles Ier jusqu'à nos jours (1841), précédés d'une lettre de M. DE CORMENIN. 2 vol. in-8.   15 fr.

Miss Martineau.

VOYAGE AUX ÉTATS-UNIS, ou *Tableau de la société américaine*, comprenant : institutions politiques, gouvernement, administration, budget, douanes, propriété, esclavage, commerce, industrie, manufacture, salaire, voies de communication, mœurs, habitudes, religion, etc., etc.; par miss MARTINEAU; traduit de l'anglais par M. BENJAMIN LAROCHE. 2 forts vol. in-8.   5 fr.

M. Armand Marrast.

VINGT JOURS DE SECRET, ou le Complot d'avril. 1 vol. in-8.   75 c.

PARIS RÉVOLUTIONNAIRE.

Par MM. Altaroche, Arago, Cavaignac, Cormenin, F. Degeorge, Fontan, Hauréau, Laponneraye, A. Luchet, A. Marrast, F. Pyat, Raspail, Trélat, etc., etc., *nouvelle publication*. 4 beaux et forts vol. in-8. — L'ouvrage complet.   9 fr.

BIOGRAPHIES.

BIOGRAPHIE DES DÉPUTÉS (Chambre actuelle). 1 gros vol. in-32.   2 fr.

LES HOMMES DU MOUVEMENT ET LES HOMMES DE LA RÉSISTANCE. Biographie politique des Ministres, des Députés, des Pairs de France, etc. (publié à la fin de 1830). 1 vol. in-18.   2 fr.

BIOGRAPHIE DES DÉPUTÉS (session de 1831). 1 volume in-8.   2 fr. 50 c.

Le *Supplément* se vend séparément.   50 c.

COMPTES RENDUS DES SESSIONS LÉGISLATIVES, publiés par la Société *Aide-toi, le Ciel t'aidera.* — Sessions de 1832, 1833 et 1834. — 3 vol. in-8.   7 fr. 50 c.

Chaque volume se vend séparément   2 fr. 50 c.

Collection de Procès politiques,

DEPUIS LA RÉVOLUTION DE 1830.

15 VOL. IN-8 : 50 FR.

Les procès suivants se vendent séparément :

PROCÈS DES ACCUSÉS D'AVRIL devant la Cour des Pairs. — PROCÈS DU RÉFORMATEUR devant la Chambre des Députés. — PROCÈS DES DÉFENSEURS DES ACCUSÉS D'AVRIL devant la Chambre des Pairs. 5 vol. in-8. 10 fr.

Cette publication est la seule qui présente la réunion complète de tous les actes, documents et faits relatifs au procès d'avril.

— DE FIESCHI devant la Cour des Pairs. 3 beaux vol. in-8, avec un plan de la Chambre des Pairs. 6 fr.

— DES ACCUSÉS DU COMPLOT DE NEUILLY devant la Cour d'assises. 1 vol. in-8. 1 fr. 50 c.

— DES DIX-NEUF PATRIOTES (ou des Artilleurs). 1831. In-8. 2 fr. 50 c.

— DES QUINZE (1852). 1 vol. in-8. 2 fr.

— ET PRISON. — Impression de Sainte-Pélagie, par H. DAVID DE THIAIS. In-8. 1 fr.

— DU DROIT D'ASSOCIATION (ou de la *Société des Amis du Peuple*). In-8. 75 c.

— DE M. CABET (1854). 50 c.

— DU NATIONAL devant la Chambre des Pairs. 40 c.

C'est le procès dans lequel Carrel a protesté contre le jugement du maréchal Ney.

— DU PROPAGATEUR DU PAS-DE-CALAIS. 25 c.

— DU PATRIOTE DE LA COTE-D'OR. 25 c.

— DE LA TRIBUNE (81° et 82°); condamnation à 22,000 fr. d'amende, cinq ans de prison. In-8. 10 c.

— DE DUPOTY, rédacteur du *Réformateur*. In-8. 20 c.

— DE VIGNERTE. 20 pages in-8. 15 c.

— DES VINGT-SEPT. *Raspail, Kersausie*, etc. In-8. 15 c.

PROCÈS DU PATRIOTE DE L'ALLIER; discours d'*Achille Roche* et *Trélat*. In-12. 10 c.

— DE DELENTE (ou des crieurs publics). In-8. 10 c.

— DE LA GLANEUSE. In-8. 5 c.

— DE PROSPER. 50 c.

— ET ACQUITTEMENT DU NATIONAL (affaire de l'ordonnance sur l'avancement); plaidoirie de M⁰ *Michel* (*de Bourges*). In-8. 50 c.

— DE HUBER ET DE SES COACCUSÉS. 1 vol. in-8. 1 fr.

— DE LAITY devant la Cour des Pairs; plaidoirie de M⁰ *Michel*. 1 vol. in-8. 1 fr.

— DE M. GISQUET contre le *Messager*. 1 vol. in-8. 1 fr. 25 c.

— DES ACCUSÉS DES 12 ET 13 MAI. PREMIÈRE CATÉGORIE. *Barbès* et autres. 1 vol. in-8. 2 fr. 75 c.

Idem. DEUXIÈME CATÉGORIE. *Blanqui* et autres. 50 c.

— DE M. F. LAMENNAIS. Relation complète contenant les faits préliminaires, le réquisitoire, tous les passages incriminés, les plaidoiries, la déclaration de M. F. Lamennais, l'opinion des journaux, etc., suivi d'une Notice biographique et littéraire sur M. Lamennais, par ELIAS REGNAULT. 1 vol. 1 fr.

— DE NAPOLÉON-LOUIS BONAPARTE devant la Cour des Pairs. 1 vol. in-8. 2 fr. 25 c.

— DE DARMÈS devant la Cour des Pairs. 1 vol. in-8. 75 c.

LETTRE D'UN DÉFENSEUR AUX ACCUSÉS D'AVRIL; par M. SAINT-ROMME. 25 c.

DISCOURS DE LAGRANGE devant la Cour des Pairs. In-8. 10 c.

DISCOURS DE TRÉLAT devant la Cour des Pairs. In-8. 10 c.

PROCÈS DE MADAME LAFARGE. Sur la Relation complète des affaires du vol des diamants et d'empoisonnement. 2⁰ édition. 1 fort vol. in-8. 4 fr. 25 c.

Contenant les débats devant toutes les juridictions.

BIBLIOTHÈQUE POLITIQUE,

collection de jolis volumes in-32,

IMPRIMÉS AVEC LUXE
sur papier grand jésus vélin.

Chaque ouvrage se vend séparément.

LAMENNAIS.—PAROLES D'UN CROYANT. 1 vol. 75 c. — LIVRE DU PEUPLE. 1 vol. 1 fr. 25 c. — AFFAIRES DE ROME. 2 vol. 2 fr. 50 c. — POLITIQUE A L'USAGE DU PEUPLE. 2 vol. 2 fr. 50 c. — DE L'ESCLAVAGE MODERNE. 1 vol. 75 c. — QUESTIONS POLITIQUES ET PHILOSOPHIQUES. 2 vol. 2 fr. 50 c. — DE LA RELIGION. 1 vol. 1 fr. 25 c. — DU PASSÉ ET DE L'AVENIR DU PEUPLE. 1 vol. 1 fr. 25 c. — Ensemble 11 vol. 12 fr. 75.

CORMENIN. — UN MOT sur le pamphlet de police intitulé la *Liste civile dévoilée*. 25 c. — CONCLUSUM sur l'apanage. 15 c.—ÉTAT DE LA QUESTION (1839). 50 c.—MAÎTRE D'ÉCOLE. 5 c.

TIMON. — QUESTIONS SCANDALEUSES D'UN JACOBIN au sujet d'une dotation (1840). 50 c.—TRÈS-HUMBLES REMONTRANCES DE TIMON au sujet de la loi des Lapins. 1 fr. — DE LA CENTRALISATION. 1 fr. 25 c. — AVIS AUX CONTRIBUABLES. In-32. 50 c.

J. BENTHAM.— CATÉCHISME DE LA RÉFORME ÉLECTORALE, traduit par M. Élias Regnault. 1 vol. 1 fr. 25 c.

SIEYÈS. — QU'EST-CE QUE LE TIERS-ÉTAT ? 1 vol. 1 fr. 25 c.

P.-L. COURIER. — PAMPHLETS POLITIQUES ET LITTÉRAIRES, avec une Notice d'Armand Carrel. 2 vol. 2 fr. 50 c.

P.-J. BÉRANGER. — ŒUVRES COMPLÈTES. 5 vol. 5 fr. 50 c.

CHAPUYS-MONTLAVILLE. — Etudès sur Timon. 1 vol.
25 c. — Mazagran. 1 vol. 50 c. — Réforme électorale :
le principe et l'application. 1 vol. 1 fr. 25 c.

ALTAROCHE. — Contes démocratiques. 1 vol. 1 fr. 25 c.
— Chansons politiques. 1 vol. 1 fr. 25 c. — La Réforme
et la Révolution. paraboles historiques. 1 vol. 1 fr. 25 c.

V. SCHOELCHER. — Abolition de l'esclavage. 1 volume.
1 fr. 25 c.

A. LUCHET. — Récit de l'inauguration de la statue de
Gutenberg. 1 vol. 1 fr. 25 c. — Fortifications de Paris,
Justes frayeurs d'un habitant de la banlieue. 50 c.

GÉNÉRAL PÉPÉ. — L'Italie politique. 1 vol. 2 fr.

CHARLES DIDIER. — Nationalité française. 1 vol. 75 c.

LOUIS BLANC. — Organisation du travail. 1 vol. 50 c.

LUDWIC BOERNE, fragments politiques et littéraires.
1 fort vol.   1 fr. 50 c.

AGRICOL PERDIGUIER. — Le Livre du Compagnonnage.
2e édition augmentée. 2 vol.   2 fr. 50 c.

BIOGRAPHIE DES DÉPUTÉS (Chambre actuelle). 1 gros
vol. 2 fr. 50 c.

DIALOGUE SUR LES CAISSES D'ÉPARGNE; par M. Cormenin, député. 8 pages in-8.   5 c.

LES CAISSES D'ÉPARGNE; par M. de Lamartine, député.
8 pages in-8.   5 c.

Plusieurs caisses d'épargne des départements, qui ont fait distribuer un grand nombre de ces écrits populaires, en ont obtenu d'excellents résultats.

PRIX POUR LES CAISSES D'ÉPARGNE :

1,000 exemplaires des deux écrits, 500 de chaque, 25 fr. —
2,000, 48 fr. — 3,000, 70 fr. — 5,000, 110 fr. — Et 10,000, 200 fr.
On peut demander indistinctement l'un ou l'autre écrit.

ALMANACHS.

Ces almanachs sont publiés chaque année, ils paraissent en septembre.

LE TRIPLE LIÉGEOIS,

ou

Le Nouveau Mathieu Laensberg.

LE TRIPLE LIÉGEOIS contient 100,000 LETTRES DE PLUS que les plus gros almanachs, il jouit d'une grande popularité. Imprimé sur du papier très-fort, quoique blanc, LE TRIPLE LIÉGEOIS est orné d'un grand nombre de jolies vignettes.

PRIX : **20 FR. LE CENT.**

———

LE NOUVEAU DOUBLE LIÉGEOIS.   15 fr. le cent.

LE DOUBLE ALMANACH FRANÇAIS, ou le Nouveau Nostradamus.   12 fr. 50 le cent.

LE VILLAGEOIS, almanach de l'agriculture et des campagnes.   10 fr. le cent.

LE PETIT LIÉGEOIS.   7 fr. le cent

LE VÉRITABLE, almanach universel, très-gros vol., contenant 300 pages.   25 fr. le cent.

Tous ces Almanachs sont étrangers à la politique.

Almanachs de M. Gauthier.

13ᵉ ANNÉE.

LE GRAND ASTROLOGUE UNIVERSEL, ou le véritable Triple Liégeois journalier; par MATHIEU LAENSBERG. 25 cahiers. Le cent,   25 fr.

LE VÉRIDIQUE, almanach sans pareil. 25 cahiers. Le cent,   25 fr.

SOUVENIRS D'UN GRAND HOMME, almanach journalier, 25 cahiers. Le cent,   25 fr.

LE VÉRITABLE NOSTRADAMUS, almanach journalier. 25 cahiers. Le cent,   25 fr.

LE VÉRITABLE DOUBLE LIÉGEOIS, almanach journalier. 21 cahiers. Le cent,   20 fr.

Le même de 17 cahiers. Le cent,   15 fr.

Le même, de 14 cahiers. Le cent,   12 fr. 50 c.

Le même, de 11 cahiers. Le cent,   10 fr.

Le même, de 5 cahiers. Le cent.   5 fr.

NOTA. Ces ALMANACHS-LIÉGEOIS ornés d'un grand nombre de jolies vignettes gravées exprès pour les récits, anecdotes et nouvelles qu'ils renferment chaque année, sont imprimés avec soin sur un papier *à la forme* très-fort et très-blanc. Ils sont plus gros et contiennent plus de pages que les almanachs publiés à Rouen, qui sont imprimés sur du papier dit *mécanique* et qui se vendent plus cher.

Une correspondance active et suivie avec tous les départements nous a permis d'établir avec une grande exactitude le TABLEAU DES FOIRES.

ALMANACH POPULAIRE
DE LA FRANCE
POUR 1842

PAR

des Députés, des Membres de l'Institut, des Magistrats,
des Journalistes, etc.;

SOUS LA DIRECTION DE M. F. DEGEORGE.

9ᵉ ANNÉE.

1 volume de 144 pages,

Illustre d'un grand nombre de jolies vignettes, et orné des portraits
de GARNIER-PAGÈS et de LAMENNAIS.

Prix : 50 c.

Sous Presse.

LES GOUVERNANTS CROQUÉS PAR LES GOUVERNÉS;
Portraits de Mandarins par des Lettrés;

sous la direction de M. ALTAROCHE.

Dessins de H. MONNIER, gravés par GÉRARD. 15 vol. in-32 jésus vélin.
Chaque volume orné d'une jolie vignette se vend séparément.

Prix : 60 centimes.

TITRE DES VOLUMES : — le Monarque, — la Reine, — le Prince,
— le Ministre, — le Diplomate, — le Préfet, — le Juge,
— le Policier, — le Pair, — le Député, — l'Électeur, — le
Journaliste, — l'Abonné, — l'Avocat, — le Maire.

Imp. SCHNEIDER et LANGRAND, rue d'Erfurth, 1.